Todos los libros de Linkgua Ediciones cuentan con modelos de Inteligencia Artificial entrenados por hispanistas. Pregúntale al chat de tu libro lo que desees acerca de la obra o su autor/a.

Para ebooks: Accede a nuestro modelo de IA a través de un enlace.

Para libros impresos: Escanea el código QR de la portada con tu dispositivo móvil.

Obtén análisis detallados de nuestros libros, resúmenes, respuestas a tus preguntas y accede a nuestras ediciones críticas generativas para una experiencia de lectura más enriquecedora.
La transparencia y el respeto hacia la autoría de las fuentes utilizadas son distintivos básicos de nuestro proyecto. Por ello, las respuestas ofrecen, mediante un sistema de citas, las fuentes con las que han sido elaboradas.

Miguel de Cervantes Saavedra

El licenciado vidriera

Barcelona 2025
Linkgua-ediciones.com

Créditos

Título original: Novela del licenciado vidriera.

e-mail: info@linkgua.com

Diseño de cubierta: Michel Mallard.

ISBN rústica ilustrada: 978-84-1126-813-4.
ISBN ebook: 978-84-9897-059-3.

Sumario

Brevísima presentación

La vida

Miguel de Cervantes Saavedra (Alcalá de Henares, 1547-Madrid, 1616). España.

Hijo de Rodrigo Cervantes, cirujano, y Leonor de Cortina. Se sabe muy poco de su infancia y adolescencia. Era el cuarto hijo entre siete. Las primeras noticias que se tienen de Cervantes son de su etapa de estudiante, en Madrid.

A los veintidós años se fue a Italia, para acompañar al cardenal Acquaviva. En 1571 participó en la batalla de Lepanto, donde sufrió heridas en el pecho y la mano izquierda. Aunque su brazo quedó inutilizado, combatió después en Corfú, Ambarino y Túnez. En 1584 se casó con Catalina de Palacios, no fue un matrimonio afortunado. Tres años más tarde, en 1587, se trasladó a Sevilla y fue comisario de abastos. En esa ciudad sufrió cárcel varias veces por sus problemas económicos. Hacia 1603 o 1604 se fue a Valladolid, allí también fue a prisión, esta vez acusado de un asesinato. Desde 1606, tras la publicación del Quijote, fue reconocido como un escritor famoso y vivió en Madrid.

El hombre de vidrio

Paseándose dos caballeros estudiantes por las riberas de Tormes hallaron en ellas, debajo de un árbol durmiendo, a un muchacho de hasta edad de once años, vestido como labrador. Mandaron a un criado que le despertase. Despertó, y preguntáronle de adónde era y qué hacía durmiendo en aquella soledad. A lo cual el muchacho respondió que el nombre de su tierra se le

> había olvidado, y que iba a la ciudad de Salamanca a buscar un amo a quien servir, por solo que le diese estudio. Preguntáronle si sabía leer; respondió que sí, y escribir también.

Ésta es una parodia escrita con cierto aire de tristeza que relata las fantasías de un hombre que cree que su cuerpo es de cristal.

El licenciado vidriera

Paseándose dos caballeros estudiantes por las riberas de Tormes hallaron en ellas, debajo de un árbol durmiendo, a un muchacho de hasta edad de once años, vestido como labrador. Mandaron a un criado que le despertase. Despertó, y preguntáronle de adónde era y qué hacía durmiendo en aquella soledad. A lo cual el muchacho respondió que el nombre de su tierra se le había olvidado, y que iba a la ciudad de Salamanca a buscar un amo a quien servir, por solo que le diese estudio. Preguntáronle si sabía leer; respondió que sí, y escribir también.

—Desa manera —dijo uno de los caballeros— no es por falta de memoria habérsete olvidado el nombre de tu patria.

—Sea por lo que fuere —respondió el muchacho—, que ni el della ni del de mis padres sabrá ninguno hasta que yo pueda honrarlos a ellos y a ella.

—Pues ¿de qué suerte los piensas honrar? —preguntó el otro caballero.

—Con mis estudios —respondió el muchacho—, siendo famoso por ellos. Porque yo he oído decir que de los hombres se hacen los obispos.

Esta respuesta movió a los dos caballeros a que le recibiesen y llevasen consigo, como lo hicieron, dándole estudio, de la manera que se usa dar, en aquella universidad a los criados que sirven. Dijo el muchacho que se llamaba Tomás Rodaja, de donde infirieron sus amos, por el nombre y por el vestido, que debía de ser hijo de algún labrador pobre. A pocos días le vistieron de negro, y a pocas semanas dio Tomás muestras de tener raro ingenio, sirviendo a sus amos con tanta fidelidad, puntualidad y diligencia, que con no faltar un punto a sus estudios, parecía que solo se ocupaba en servirlos. Y como el buen servir del siervo mueve la voluntad del señor a tratarle bien, ya Tomás Rodaja no era criado de sus amos, sino su compañero. Finalmente, en ocho años que estuvo con ellos, se hizo tan famoso en la universidad, por su buen ingenio y notable habilidad que de todo género de gentes era estimado y querido.

Su principal estudio fue de leyes; pero en lo que más se mostraba era en letras humanas; y tenía tan felice memoria que era cosa de espanto; e ilustrábala tanto con su buen entendimiento que no era menos famoso por él que por ella.

Sucedió, que se llegó el tiempo que sus amos acabaron sus estudios y se fueron a su lugar, que era una de las mejores ciudades de la Andalucía. Lleváronse consigo a Tomás, y estuvo con ellos algunos días. Pero como le fatigasen los deseos de volver a sus estudios y a Salamanca (que enhechiza la voluntad de volver a ella a todos los que de la apacibilidad de su vivienda han gustado), pidió a sus amos licencia para volverse. Ellos corteses y liberales se la dieron, acomodándole de suerte que con lo que le dieron se pudiera sustentar tres años.

Despidióse dellos mostrando en sus palabras su agradecimiento, y salió de Málaga (que ésta era la patria de sus señores). Y, al bajar de la cuesta de la Zambra, camino de Antequera, se topó con un gentilhombre a caballo, vestido bizarramente de camino con dos criados también a caballo. Juntóse con él y supo como llevaba su mismo viaje. Hicieron camarada, departieron de diversas cosas, y a pocos lances dio Tomás muestras de su raro ingenio; y el caballero las dio de su bizarría y cortesano trato. Y dijo que era capitán de infantería por su majestad, y que su alférez estaba haciendo la compañía en tierra de Salamanca. Alabó la vida de la soldadesca; pintóle muy al vivo la belleza de la ciudad de Nápoles, las holguras de Palermo, la abundancia de Milán, los festines de Lombardía, las espléndidas comidas de las hosterías; dibujóle dulce y puntualmente el Aconcha patrón, pasa acá Manigoldo, venga la macarela, li polastri, e li macarroni. Puso las alabanzas en el cielo de la vida libre del soldado, y de la libertad de Italia. Pero no le dijo nada del frío de las centinelas, del peligro de los asaltos, del espanto de las batallas, de la hambre, de los cercos, de la ruina de las minas, con otras cosas deste jaez que algunos las toman y tienen por añadiduras del peso de la soldadesca, y son la carga principal della. En resolución, tantas cosas le dijo y tan bien dichas que la discreción de nuestro Tomás Rodaja comenzó a titubear, y la voluntad a aficionarse a aquella vida que tan cerca tiene la muerte.

El capitán, que don Diego de Valdivia se llamaba, contentísimo de la buena presencia, ingenio y desenvoltura de Tomás, le rogó que se fuese con él a Italia, si quería por curiosidad de verla; que él le ofrecía su mesa, y aun si fuese necesario, su bandera, porque su alférez la había de dejar presto. Poco fue menester, para que Tomás tuviese el envite, haciendo consigo en un instante un breve discurso, de que sería bueno ver a Italia y Flandes, y otras diversas tierras y países; pues las luengas peregrinaciones hacen a los hombres discretos; y que en esto a lo más largo podía gastar tres o cuatro años, que añadidos a los pocos que él tenía, no serían tantos que impidiesen volver a sus estudios. Y como si todo hubiera de suceder a la medida de su gusto, dijo al capitán que era contento de irse con él a Italia; pero había de ser condición, que no se había de sentar debajo de bandera ni poder en lista de soldado, por no obligarse a seguir su bandera. Y aunque el capitán le dijo que no importaba ponerse en lista, que así gozaría de los socorros y pagas que a la compañía se diesen, porque él le daría licencia todas las veces que se la pidiese.

—Eso sería —dijo Tomás— ir contra mi conciencia y contra la del señor capitán. Y así, más quiero ir suelto que obligado.

—Conciencia tan escrupulosa —dijo don Diego— más es de religioso que de soldado. Pero como quiera que sea, ya somos camaradas.

Llegaron aquella noche a Antequera, y en pocos días y grandes jornadas se pusieron donde estaba la compañía, ya acabada de hacer, y que comenzaba a marchar la vuelta de Cartagena, alojándose, ellas y otras cuatro, por los lugares que le venían a mano. Allí notó Tomás la autoridad de los comisarios, la incomodidad de algunos capitanes, la solicitud de los aposentadores, la industria y cuenta de los pagadores, las quejas de los pueblos, el rescatar de las boletas, las insolencias de los bisoños, las pendencias de los huéspedes, el pedir bagajes más de los necesarios; y finalmente, la necesidad, casi precisa, de hacer todo aquello que notaba y mal le parecía.

Habíase vestido Tomás de papagayo, renunciando los hábitos de estudiante, y púsose a lo de Dios es Cristo, como se suele decir. Los muchos libros que tenía, los redujo a unas horas de nuestra señora y un Garcilaso sin comento, que en las dos faldriqueras llevaba.

Llegaron más presto de lo que quisieran a Cartagena; porque la vida de los alojamientos es ancha y varia, y cada día se topan cosas nuevas y gustosas. Allí se embarcaron en cuatro galeras de Nápoles, y allí notó también Tomás Rodaja la extraña vida de aquellas marítimas casas, adonde lo más del tiempo maltratan las chinches, roban los forzados, enfadan los marineros, destruyen los ratones, y fatigan las maretas.

Pusiéronle temor las grandes borrascas y tormentas, especialmente en el golfo de León, que tuvieron dos; que la una los echó en Córcega y la otra los volvió a Tolón en Francia. En fin, trasnochados, mojados y con ojeras llegaron a la hermosa y bellísima ciudad de Génova, y desembarcándose en su recogido Mandrache, después de haber visitado una iglesia, dio el capitán con todas sus camaradas en una hostería, donde pusieron en olvido todas las borrascas pasadas, con el presente gaudeamus.

Allí conocieron la suavidad del Treviano, el valor del Monte Frascón, la Ninerca del Asperino, la generosidad de los dos griegos Candia y Soma, la grandeza del de las cinco viñas, la dulzura y apacibilidad de la señora Guarnacha, la rusticidad de la Chéntola, sin que entre todos estos señores osase parecer la bajeza del Romanesco. Y habiendo hecho el huésped la reseña de tantos y tan diferentes vinos, se ofreció de hacer aparecer allí, sin usar de trapelía ni como pintados en mapa, sino real y verdaderamente, a Madrigal, Coca, Alaejos, y a la imperial más que real ciudad, recámara del dios de la risa; ofreció a Esquivias, a Alanís, a Cazalla, Guadalcanal y la Membrilla, sin que se le olvidase de Ribadavia y de Descargamaría. Finalmente, más vinos nombró el huésped, y más les dio que pudo tener en sus bodegas el mismo Baco.

Admiráronle también al buen Tomás los rubios cabellos de las genovesas, y la gentileza y gallarda disposición de los hombres, la admirable belleza de la ciudad, que en aquellas peñas parece que tiene las casas engastadas, como diamantes en oro.

Otro día se desembarcaron todas las compañías que habían de ir al Piamonte, pero no quiso Tomás hacer este viaje, sino irse desde allí por tierra a Roma y a Nápoles, como lo hizo; quedando de volver por la gran Venecia, y por Loreto a Milán y al Piamonte, donde dijo don Diego de Valdivia que le hallaría si ya no los hubiesen llevado a Flandes, según se decía. Despidióse Tomás del capitán de allí a dos días, y en cinco llego a Florencia, habiendo visto primero a Luca, ciudad pequeña pero muy bien hecha, y en la que mejor que en otras partes de Italia son bien vistos y agasajados los españoles.

Contentóle Florencia en extremo, así por su agradable asiento como por su limpieza, suntuosos edificios, fresco río y apacibles calles. Estuvo en ella cuatro días y luego se partió a Roma, reina de las ciudades y señora del mundo. Visitó sus templos, adoró sus reliquias y admiró su grandeza. Y así como por las uñas del león se viene en conocimiento de su grandeza y ferocidad, así él sacó la de Roma por sus despedazados mármoles, medias y enteras estatuas, por sus rotos arcos y derribadas termas; por sus magníficos pórticos y anphiteatros grandes; por su famoso y santo río que siempre llena sus márgenes de agua y las beatifica con las infinitas reliquias de cuerpos de mártires que en ellas tuvieron sepultura; por sus puentes, que parece que se están mirando unas a otras; y por sus calles que con solo el nombre cobran autoridad sobre todas las de las otras ciudades del mundo: la vía Apia, la Flaminia, la Julia, con otras deste jaez. Pues no le admiraba menos la división de sus montes dentro de sí misma: el Celio, el Quirinal, y el Vaticano, con los otros cuatro, cuyos nombres manifiestan la grandeza y majestad romana.

Notó también la autoridad del Colegio de los Cardenales, la majestad del sumo pontífice, el concurso y variedad de gentes y naciones. Todo lo miró y notó y puso en su punto. Y habiendo andado la estación de las siete iglesias y confesádose con un penitenciario y besado el pie a su santidad, lleno de agnusdeis y cuentas determinó irse a Nápoles; y por ser tiempo de mutación, malo y dañoso para todos los que en él entran o salen de Roma, como hayan caminado por tierra, se fue por mar a Nápoles, donde a la admiración que traía de haber visto a Roma, añadió la que le causó ver a Nápoles, ciudad a su parecer y al de todos cuantos la han visto, la mejor de Europa, y aun de todo el mundo.

Desde allí se fue a Sicilia y vio a Palermo y después a Micina. De Palermo le pareció bien el asiento y belleza; y de Micina el puerto, y de toda la isla la abundancia, por quien propiamente y con verdad es llamada granero de Italia. Volvióse a Nápoles, y a Roma, y de allí fue a nuestra señora de Loreto, en cuyo santo templo no vio paredes ni murallas, porque todas estaban cubiertas de muletas, de mortajas, de cadenas, de grillos, de esposas, de cabelleras, de medios bultos de cera, y de pinturas y retablos, que daban manifiesto indicio de las innumerables mercedes, que muchos habían recibido de la mano de Dios, por intercesión de su divina madre, que aquella sacrosanta imagen suya quiso engrandecer y autorizar con muchedumbre de milagros, en recompensa de la devoción que le tienen aquellos que con semejantes doseles tienen adornados los muros de su casa. Vio el mismo aposento y estancia, donde se relató la más alta embajada, y de más importancia que vieron y no entendieron todos los cielos y todos los ángeles y todos los moradores de las moradas sempiternas.

Desde allí, embarcándose en Ancona, fue a Venecia, ciudad que a no haber nacido Colón en el mundo, no tuviera en él semejante; merced al cielo y al gran Hernando Cortés, que conquistó la gran México, para que la gran Venecia tuviese en alguna manera quien se le opusiese. Estas dos famosas ciudades se parecen en las calles, que son todas de agua: la de Europa, admiración del mundo antiguo; la de América, espanto del mundo nuevo. Parecióle que su riqueza era infinita, su gobierno prudente, su sitio inexpugnable, su abundancia mucha, sus contornos alegres; y finalmente, toda ella en sí y en sus partes, digna de la fama que de su valor, por todas las partes del orbe, se extiende, dando causa de acreditar más esta verdad, la máquina de su famoso arsenal, que es el lugar donde se fabrican las galeras, con otros bajeles, que no tienen número. Por poco fueron los de Calipso los regalos y pasatiempos que halló nuestro curioso en Venecia, pues casi le hacían olvidar de su primer intento. Pero habiendo estado un mes en ella, por Ferrara, Parma y Plasencia volvió a Milán, oficina de Vulcano, ojeriza del reino de Francia, ciudad, en fin, de quien se dice que puede decir y hacer, haciéndola magnífica la grandeza suya y de su templo, y su maravillosa abundancia de todas las cosas a la vida humana necesarias.

Desde allí se fue a Aste, y llegó a tiempo que otro día marchaba el tercio a Flandes. Fue muy bien recibido de su amigo el capitán, y en su compañía y camarada pasó a Flandes, y llegó a Amberes, ciudad no menos para maravillar que las que había visto en Italia. Vio a Gante y a Bruselas, y vio que todo el país se disponía a tomar las armas, para salir en campaña el verano siguiente.

Y habiendo cumplido con el deseo que le movió a ver lo que había visto, determinó volverse a España y a Salamanca a acabar sus estudios. Y como lo pensó lo puso por obra, con pesar grandísimo de su camarada, que le rogó al tiempo del despedirse que le avisase de su salud, llegada, y suceso. Prometióselo así como lo pedía y, por Francia, volvió a España sin haber visto a París, por estar puesto en armas. En fin, llegó a Salamanca, donde fue bien recibido de sus amigos; y con la comodidad que ellos le hicieron, prosiguió sus estudios hasta graduarse de licenciado en leyes.

Sucedió que en este tiempo llegó a aquella ciudad una dama de todo rumbo y manejo. Acudieron luego a la añagaza y reclamo todos los pájaros del lugar, sin quedar vademécum que no la visitase. Dijéronle a Tomás que aquella dama decía que había estado en Italia y en Flandes, y por ver si la conocía, fue a visitarla, de cuya visita y vista quedó ella enamorada de Tomás. Y él sin echar de ver en ello, si no era por fuerza y llevado de otros, no quería entrar en su casa. Finalmente, ella le descubrió su voluntad y le ofreció su hacienda. Pero como él atendía más a sus libros que a otros pasatiempos, en ninguna manera respondía al gusto de la señora. La cual, viéndose desdeñada y a su parecer aborrecida, y que por medios ordinarios y comunes no podía conquistar la roca de la voluntad de Tomás, acordó de buscar otros modos, a su parecer más eficaces, y bastantes, para salir con el cumplimiento de sus deseos.

Y así, aconsejada de una morisca, en un membrillo toledano dio a Tomás uno destos que llaman hechizos, creyendo que le daba cosa que le forzase la voluntad a quererla, como si hubiese en el mundo hierbas, encantos, ni palabras, suficientes a forzar el libre albedrío; y así las que dan estas bebidas o comidas amatorias se llaman veneficios porque no es otra cosa lo que hacen, sino dar veneno a quien las toma, como lo tiene mostrado la experiencia en muchas y diversas ocasiones.

Comió en tan mal punto Tomás el membrillo, que al momento comenzó a herir de pie y de mano, como si tuviera alferecía. Y sin volver en sí estuvo muchas horas, al cabo de las cuales volvió como atontado y dijo con lengua turbada y tartamuda que un membrillo que había comido le había muerto, y declaró quién se le había dado. La justicia, que tuvo noticia del caso, fue a buscar a la malhechora; pero ya ella viendo el mal suceso, se había puesto en cobro y no apareció jamás.

Seis meses estuvo en la cama Tomás, en los cuales se secó y se puso, como suele decirse, en los huesos, y mostraba tener turbados todos los sentidos. Y aunque le hicieron los remedios posibles, solo le sanaron la enfermedad del cuerpo, pero no de lo del entendimiento; porque quedó sano, y loco de la más extraña locura que entre las locuras hasta entonces se había visto. Imaginóse el desdichado que era todo hecho de vidrio, y con esta imaginación cuando alguno se llegaba a él, daba terribles voces pidiendo y suplicando con palabras y razones concertadas, que no se le acercasen porque le quebrarían, que real y verdaderamente él no era como los otros hombres, que todo era de vidrio de pies a cabeza.

Para sacarle desta extraña imaginación, muchos, sin atender a sus voces y rogativas, arremetieron a él, y le abrazaron, diciéndole que advirtiese y mirase cómo no se quebraba. Pero lo que se granjeaba en esto era, que el pobre se echaba en el suelo, dando mil gritos, y luego le tomaba un desmayo, del cual no volvía en sí en cuatro horas; y cuando volvía, era renovando las plegarias y rogativas, de que otra vez no le llegasen. Decía que le hablasen desde lejos y le preguntasen lo que quisiesen, porque a todo les respondería con más entendimiento por ser hombre de vidrio, y no de carne, que el vidrio, por ser de materia sutil y delicada, obraba por ella el alma con más prontitud y eficacia, que no por la del cuerpo pesada y terrestre.

Quisieron algunos experimentar si era verdad lo que decía. Y así, le preguntaron muchas y difíciles cosas, a las cuales respondió espontáneamente con grandísima agudeza de ingenio; cosa que causó admiración a los más letrados de la universidad, y a los profesores de la medicina, y filosofía, viendo que en un sujeto donde se contenía tan extraordinaria locura, como era el pensar que fuese de vidrio, se encerrase tan grande entendimiento que respondiese a toda pregunta con propiedad y agudeza.

Pidió Tomás que le diesen alguna funda donde pusiese aquel vaso quebradizo de su cuerpo, porque al vestirse algún vestido estrecho no se quebrase. Y así le dieron una ropa parda y una camisa muy ancha, que él se vistió con mucho tiento, y se ciñó con una cuerda de algodón. No quiso calzarse zapatos en ninguna manera, y el orden que tuvo para que le diesen de comer, sin que a él llegasen, fue poner en la punta de una vara una vasera de orinal en la cual le ponían alguna cosa de fruta de las que la sazón del tiempo ofrecía. Carne ni pescado no lo quería; no bebía sino en fuente o en río, y esto con las manos. Cuando andaba por las calles, iba por la mitad dellas, mirando a los tejados, temeroso no le cayese alguna teja encima, y le quebrase. Los veranos dormía en el campo al cielo abierto, y los inviernos se metía en algún mesón, y en el pajar se enterraba hasta la garganta, diciendo que aquélla era la más propia y más segura cama que podían tener los hombres de vidrio.

Cuando tronaba, temblaba como un azogado y se salía al campo y no entraba en poblado hasta haber pasado la tempestad. Tuviéronle encerrado sus amigos mucho tiempo; pero viendo que su desgracia pasaba adelante, determinaron de condescender con lo que él les pedía, que era le dejasen andar libre, y así le dejaron, y él salió por la ciudad, causando admiración y lástima a todos los que le conocían. Cercáronle luego los muchachos. Pero él con la vara los detenía, y les rogaba le hablasen apartados porque no se quebrase, que por ser hombre de vidrio era muy tierno y quebradizo. Los muchachos, que son la más traviesa generación del mundo, a despecho de sus ruegos y voces, le comenzaron a tirar trapos, y aun piedras por ver si era de vidrio, como él decía. Pero él daba tantas voces y hacía tales extremos que movía a los hombres a que riñesen y castigasen a los muchachos, porque no le tirasen. Mas un día que le fatigaron mucho, se volvió a ellos diciendo:

—¿Qué me queréis, muchachos? porfiados como moscas, sucios como chinches, atrevidos como pulgas. ¿Soy yo por ventura el monte Testacho de Roma, para que me tiréis tantos tiestos y tejas?

Por oírle reñir y responder a todos, le seguían siempre muchos, y los muchachos tomaron, y tuvieron por mejor partido, antes oílle que tiralle.

Pasando, pues, una vez por la ropería de Salamanca, le dijo una ropera:

—En mi ánima, señor licenciado, que me pesa de su desgracia; pero ¿qué haré que no puedo llorar?

Él se volvió a ella, y muy mesurado le dijo:

—Filiae Hierusalem plorate super vos, & super filios vestros.

Entendió el marido de la ropera la malicia del dicho y díjole:

—Hermano licenciado Vidriera (que así decía él que se llamaba), más tenéis de bellaco que de loco.

—No se me da un ardite —respondió él— como no tenga nada de necio.

Pasando un día por la casa llana y venta común, vio que estaban a la puerta della muchas de sus moradoras, y dijo que eran bagajes del ejército de satanás, que estaban alojados en el mesón del infierno.

Preguntóle uno, que qué consejo o consuelo daría a un amigo suyo que estaba muy triste, porque su mujer se la había ido con otro.

A lo cual respondió:

—Dile que dé gracias a Dios por haber permitido que le llevasen de casa a su enemigo.

—Luego ¿no irá a buscarla? —dijo el otro.

—¡Ni por pienso! —replicó Vidriera—, porque sería el hallarla, hallar un perpetuo y verdadero testigo de su deshonra.

—Ya que eso sea así —dijo el mismo—, ¿qué haré yo para tener paz con mi mujer?

Respondióle:

—Dale lo que hubiere menester. Déjale que mande a todos los de su casa, pero no sufras que ella te mande a ti.

Díjole un muchacho:

—Señor licenciado Vidriera, yo me quiero desgarrar de mi padre, porque me azota muchas veces.

Y respondióle:

—Advierte, niño, que los azotes que los padres dan a los hijos honran; y los del verdugo afrentan.

Estando a la puerta de una iglesia, vio que entraba en ella un labrador de los que siempre blasonan de cristianos viejos y detrás de él venía uno que no estaba en tan buena opinión como el primero. Y el licenciado dio grandes voces al labrador, diciendo:

—Esperad, domingo, a que pase el sábado.

De los maestros de escuela decía que eran dichosos, pues trataban siempre con ángeles; y que fueran dichosísimos si los angelitos no fueran mocosos.

Otro le preguntó que qué le parecía de las alcahuetas. Respondió, que no lo eran las apartadas, sino las vecinas.

Las nuevas de su locura y de sus respuestas y dichos se extendió por toda Castilla, y llegando a noticia de un príncipe, o señor, que estaba en la corte quiso enviar por él, y encargóselo a un caballero amigo suyo que estaba en Salamanca que se lo enviase. Y topándole el caballero un día, le dijo:

—Sepa, el señor licenciado Vidriera, que un gran personaje de la corte le quiere ver, y envía por él.

A lo cual respondió:

—Vuesa merced, me excuse con ese señor, que yo no soy bueno para palacio porque tengo vergüenza y no sé lisonjear.

Con todo esto el caballero le envió a la corte, y para traerle usaron con él desta invención. Pusiéronle en unas árguenas de paja, como aquellas donde llevan el vidrio, igualando los tercios con piedras, y entre paja puestos algunos vidrios porque se diese a entender que como vaso de vidrio le llevaban.

Llegó a Valladolid; entró de noche y desembanastáronle en la casa del señor que había enviado por él, de quien fue muy bien recibido, diciéndole:

—Sea muy bien venido el señor licenciado Vidriera. ¿Cómo ha ido en el camino? ¿Cómo va de salud?

A lo cual respondió:

—Ningún camino hay malo, como se acabe, sino es el que va a la horca. De salud estoy neutral, porque están encontrados mis pulsos con mi celebro.

Otro día, habiendo visto en muchas alcándaras, muchos neblíes y azores, y otros pájaros de volatería, dijo que la caza de altanería era digna de príncipes y de grandes señores, pero que advirtiesen que con ella echaba el gusto censo sobre el provecho a más de dos mil por uno. La caza de liebres dijo que era muy gustosa, y más cuando se cazaba con galgos prestados.

El caballero gustó de su locura y dejóle salir por la ciudad, debajo del amparo y guarda de un hombre que tuviese cuenta que los muchachos no le hiciesen mal, de los cuales y de toda la corte fue conocido en seis días. Y a cada paso, en cada calle y en cualquiera esquina respondía a todas las preguntas que le hacían. Entre las cuales le preguntó un estudiante, si era poeta, porque le parecía que tenía ingenio para todo. A lo cual respondió:

—Hasta ahora no he sido tan necio ni tan venturoso.

—No entiendo eso de necio y venturoso —dijo el estudiante.

Y respondió Vidriera:

—No he sido tan necio que diese en poeta malo ni tan venturoso que haya merecido serlo bueno.

Preguntóle otro estudiante que en qué estimación tenía a los poetas. Respondió que a la ciencia en mucha; pero que a los poetas en ninguna. Replicáronle, que por qué decía aquello. Respondió que del infinito número de poetas que había, eran tan pocos los buenos, que casi no hacían número. Y así, como si no hubiese poetas no los estimaba, pero que admiraba y reverenciaba la ciencia de la poesía, porque encerraba en sí todas las demás ciencias; porque de todas se sirve, de todas se adorna y pule, y saca a luz sus maravillosas obras, con que llena el mundo de provecho, de deleite y de maravilla.

Añadió más:

—Yo bien sé en lo que se debe estimar un buen poeta, porque se me acuerda de aquellos versos de Ovidio, que dicen:

Cum Ducum fuerant olim Regnumque, Poeta,
Premiaque antiqui magna tulere chori,
Sanctaque Maiestas, & erat venerabile nomen,
Vatibus, & large sape dabantur opes.

«Y menos se me olvida la alta calidad de los poetas, pues los llama Platón intérpretes de los dioses. Y dellos dice Ovidio:

> Est Deus in nobis agitante calescimus illo.

»Y también dice:

> At sacri vates, & Divum cura vocamus.

»Esto se dice de los buenos poetas; que ¿de los malos, de los churrulleros, qué se ha de decir, sino que son la idiotez, y la arrogancia del mundo?»

Y añadió más:

—¿Qué es ver a un poeta destos de la primera impresión, cuando quiere decir un soneto a otros que le rodean, las salvas que les hace, diciendo: «Vuesas mercedes escuchen un sonetillo que anoche a cierta ocasión hice, que a mi parecer, aunque no vale nada, tiene un no sé qué de bonito»; y en esto tuerce los labios, pone en arco las cejas, y se rasca la faldriquera, y de entre otros mil papeles mugrientos y medio rotos, donde queda otro millar de sonetos, saca el que quiere relatar, y al fin le dice con tono melifluo y alfeñicado? Y si a caso los que le escuchan de socarrones o de ignorantes, no se le alaban, dice: «O vuesas mercedes no han entendido el soneto, o yo no le he sabido decir, y así, será bien recitarle otra vez y que vuesas mercedes le presten más atención, porque en verdad en verdad que el soneto lo merece». Y vuelve como primero a recitarle con nuevos ademanes y nuevas pausas.

«Pues ¿qué es verlos censurar los unos a los otros? ¿qué diré del ladrar que hacen los cachorros y modernos a los mastinazos antiguos y graves? y ¿qué de los que murmuran de algunos ilustres y excelentes sujetos, donde resplandece la verdadera luz de la poesía? Que tomándola por alivio y entretenimiento de sus muchas y graves ocupaciones muestran la divinidad de sus ingenios y la alteza de sus conceptos, a despecho y pesar del circunspecto ignorante que juzga de lo que no sabe y aborrece lo que no entiende y ¿del que quiere que se estime y tenga en precio la necedad que se sienta debajo de doseles y la ignorancia que se arrima a los sitiales?»

Otra vez le preguntaron qué era la causa de que los poetas por la mayor parte eran pobres. Respondió que porque ellos querían, pues estaba en su mano ser ricos si se sabían aprovechar de la ocasión, que por momentos traían entre las manos, que eran las de sus damas. Que todas eran riquísimas en extremo, pues tenían los cabellos de oro, la frente de plata bruñida, los ojos de verdes esmeraldas, los dientes de marfil, los labios de coral, y la garganta de cristal transparente; y que lo que lloraban eran líquidas perlas; y más que lo que sus plantas pisaban, por dura y estéril tierra que fuese, al momento producía jazmines y rosas; y que su aliento era de puro ámbar, almizcle y algalia; y que todas estas cosas eran señales y muestras de su mucha riqueza. Estas, y otras cosas decía, de los malos poetas, que de los buenos siempre dijo bien, y los levantó sobre el cuerno de la Luna.

Vio un día en la acera de san Francisco unas figuras pintadas de mala mano, y dijo que los buenos pintores imitaban a naturaleza; pero que los malos la vomitaban.

Arrimóse un día con grandísimo tiento, porque no se quebrase, a la tienda de un librero, y díjole:

—Este oficio me contentara mucho, si no fuera por una falta que tiene.

Preguntóle el librero se la dijese. Respondióle:

—Los melindres que hacen cuando compran un privilegio de un libro y de la burla que hacen a su autor si a caso le imprime a su costa, pues en lugar de mil y quinientos, imprimen tres mil libros; y cuando el autor piensa que se venden los suyos, se despachan los ajenos.

Acaeció este mismo día, que pasaron por la plaza seis azotados y diciendo el pregón: «Al primero por ladrón», dio grandes voces a los que estaban delante de él, diciéndoles:

—Apartaos, hermanos, no comience aquella cuenta por alguno de vosotros.

Y cuando el pregonero llegó a decir: «Al trasero...», dijo:

—Aquél debe de ser el fiador de los muchachos.

Un muchacho le dijo:

—Hermano Vidriera, mañana sacan a azotar a una alcagüeta.

Respondióle:

—Si dijeras que sacaban a azotar a un alcagüete, entendiera que sacaban a azotar un coche.

Hallóse allí uno destos que llevan sillas de manos, y díjole:

—De nosotros, licenciado, ¿no tenéis qué decir?

—No —respondió Vidriera— sino que sabe cada uno de vosotros más pecados que un confesor; mas es con esta diferencia, que el confesor los sabe para tenerlos secretos, y vosotros para publicarlos por las tabernas.

Oyó esto un mozo de mulas, porque de todo género de gente le estaba escuchando continuo, y díjole:

—De nosotros, señor redoma, poco o nada hay que decir, porque somos gente de bien, y necesaria en la república.

A lo cual respondió Vidriera:

—La honra del amo descubre la del criado. Según esto, mira a quién sirves y verás cuán honrado eres. Mozos sois vosotros de la más ruin canalla que sustenta la tierra. Una vez, cuando no era de vidrio, caminé una jornada en una mula de alquiler, tal, que le conté ciento veintiuna tachas, todas capitales y enemigas del género humano. Todos los mozos de mulas tienen su punta de rufianes, su punta de cacos, y su es no es de truhanes. Si sus amos (que así llaman ellos a los que llevan en sus mulas) son boquimuelles, hacen más suertes en ellos, que las que echaron en esta ciudad los años pasados. Si son extranjeros los roban, si estudiantes los maldicen, y si religiosos los reniegan, y si soldados los tiemblan. Éstos, y los marineros y carreteros y arrieros, tienen un modo de vivir extraordinario, y solo para ellos. El carretero pasa lo más de la vida en espacio de vara y media de lugar, que poco más debe de haber del yugo de las mulas a la boca del carro. Canta la mitad del tiempo, y la otra mitad reniega; y en decir: «Háganse a zaga», se les pasa otra parte. Y si a caso les queda por sacar alguna rueda de algún atrolladero, más se ayudan de dos pesetes que de tres mulas. Los marineros son gente gentil inurbana, que no sabe otro lenguaje que el que se usa en los navíos. En la bonanza son diligentes, y en la borrasca perezosos. En la tormenta mandan muchos, y obedecen pocos. Su Dios es su arca, y su rancho; y su pasatiempo ver mareados a los pasajeros. Los arrieros son gente que ha hecho divorcio con las sábanas, y se ha casado con las enjalmas. Son tan diligentes y presurosos que a trueco de no perder la jornada, perderán el alma. Su música es la del mortero; su salsa, la hambre, sus maitines levantarse a dar sus piensos, y sus misas no oír ninguna.

Cuando esto decía estaba a la puerta de un boticario. Y volviéndose al dueño, le dijo:

—Vuesa merced tiene un saludable oficio, si no fuese tan enemigo de sus candiles.

—¿En qué modo soy enemigo de mis candiles? —preguntó el boticario.

Y respondió Vidriera:

—Esto digo, porque en faltando cualquiera aceite, la suple la del candil que está más a mano. Y aún tiene otra cosa este oficio, bastante a quitar el crédito al más acertado médico del mundo.

Preguntándole por qué. Respondió que había boticario, que por no decir que faltaba en su botica lo que recetaba el médico, por las cosas que le fataban, ponía otras que a su parecer tenían la misma virtud y calidad, no siendo así; y con esto la medicina mal compuesta obraba al revés de lo que había de obrar la bien ordenada. Preguntóle entonces uno que qué sentía de los médicos, y respondió esto:

—Honora medicum propter necessitatem, etenim creavit eum altissimus; a Deo enim est omnis medela, & a rege accipiet donationem. Disciplina medici exaltavit caput illius, & in conspectu magnatum collaudabitur. Altissimus de terra creavit medicinam, & vir prudens non aborrebit illam.

«Esto dice, dijo el eclesiástico, de la medicina y de los buenos médicos. Y de los malos se podría decir todo al revés porque no hay gente más dañosa a la república que ellos. El juez nos puede torcer o dilatar la justicia; el letrado sustentar por su interés nuestra injusta demanda; el mercader chuparnos la hacienda; finalmente, todas las personas con quien de necesidad tratamos nos pueden hacer algún daño, pero quitarnos la vida sin quedar sujetos al temor del castigo ninguno. Solo los médicos nos pueden matar, y nos matan sin temor y a pie quedo, sin desenvainar otra espada que la de un recipe. Y no hay descubrirse sus delitos porque al momento los meten debajo de la tierra. Acuérdaseme, que cuando yo era hombre de carne, y no de vidrio como ahora soy, que a un médico destos de segunda clase le despidió un enfermo, por curarse con otro, y el primero de allí a cuatro días acertó a pasar por la botica donde receptaba el segundo, y preguntó al boticario que cómo le iba al enfermo que él había dejado y que si le había receptado alguna purga el otro médico. El boticario le respondió que allí tenía una recepta de purga que el día siguiente había de tomar el enfermo. Dijo que se la mostrase y vio que al fin della estaba escrito: Sumat diluculo, y dijo: "Todo lo que lleva esta purga me contenta sino es esta dilúculo porque es húmido demasiadamente".»

Por estas, y otras cosas que decía de todos los oficios, se andaban tras él, sin hacerle mal, y sin dejarle sosegar. Pero con todo esto no se pudiera defender de los muchachos si su guardián no le defendiera. Preguntóle uno qué haría para no tener envidia a nadie.

Respondióle:

—Duerme, que todo el tiempo que durmieres, serás igual al que envidias.

Otro le preguntó qué remedio tendría para salir con una comisión, que había dos años que la pretendía, y díjole:

—Parte a caballo y a la mira de quien la lleva, y acompáñale hasta salir de la ciudad y así saldrás con ella.

Pasó a caso una vez por delante donde él estaba un juez de comisión que iba de camino a una causa criminal y llevaba mucha gente consigo y dos alguaciles. Preguntó quién era, y como se lo dijeron, dijo:

—Yo apostaré que lleva aquel juez víboras en el seno, pistoletes en la tinta y rayos en las manos, para destruir todo lo que alcanzare su comisión. Yo me acuerdo haber tenido un amigo que, en una comisión criminal que tuvo, dio una sentencia tan exorbitante que excedía en muchos quitales a la culpa de los delincuentes. Preguntéle que por qué había dado aquella tan cruel sentencia y hecho tan manifiesta injusticia. Respondióme que pensaba otorgar la apelación y que con esto dejaba campo abierto a los señores del Consejo para mostrar su misericordia, moderando, y poniendo aquella su rigurosa sentencia en su punto y debida proporción. Yo le respondí que mejor fuera haberla dado de manera que les quitara de aquel trabajo, pues con esto le tuvieran a él por juez recto y acertado.

En la rueda de la mucha gente que, como se ha dicho, siempre le estaba oyendo, estaba un conocido suyo en hábito de letrado, al cual otro le llamó señor licenciado. Y sabiendo Vidriera que el tal a quien llamaron licenciado no tenía ni aun título de bachiller, le dijo:

—Guardaos, compadre, no encuentren con vuestro título los frailes de la redención de cautivos, que os le llevaran por mostrenco.

A lo cual dijo el amigo:

—Tratémonos bien, señor Vidriera, pues ya sabéis vos que soy hombre de altas y de profundas letras.

Respondióle Vidriera:

—Ya yo sé que sois un tántalo en ellas, porque se os van por altas y no las alcanzáis de profundas.

Estando una vez arrimado a la tienda de un sastre, viole que estaba mano sobre mano, y díjole:

—Sin duda, señor maeso, que estáis en camino de salvación.

—¿En qué lo veis? —preguntó el sastre.

—¿En qué lo veo? —respondió Vidriera—, véolo en que, pues no tenéis qué hacer, no tendréis ocasión de mentir —y añadió—: desdichado del sastre que no miente y cose las fiestas; cosa maravillosa es que casi en todos los deste oficio apenas se hallará uno que haga un vestido justo, habiendo tantos que los hagan pecadores.

De los zapateros decía que jamás hacían, conforme a su parecer, zapato malo. Porque si al que se le calzaban venía estrecho y apretado le decían que así había de ser por ser de galanes calzar justo y que en trayéndolos dos horas vendrían más anchos que alpargates, y si le venían anchos decían que así habían de venir, por amor de la gota.

Un muchacho agudo que escribía en un oficio de provincia le apretaba mucho con preguntas y demandas y le traía nuevas de lo que en la ciudad pasaba, porque sobre todo discantaba y a todo respondía. Éste le dijo una vez:

—Vidriera, esta noche se murió en la cárcel un banco que estaba condenado ahorcar.

A lo cual respondió:

—Él hizo bien a darse prisa a morir antes que el verdugo se sentara sobre él.

En la acera de san Francisco estaba un corro de genoveses, y pasando por allí, uno dellos le llamó, diciéndole:

—Lléguese acá el señor Vidriera y cuéntenos un cuento.

Él respondió:

—No quiero, porque no me le paséis a Génova.

Topó una vez a una tendera que llevaba delante de sí una hija suya muy fea, pero muy llena de dijes, de galas, y de perlas. Y díjole a la madre:

—Muy bien habéis hecho en empedralla, porque se pueda pasear.

De los pasteleros dijo que había muchos años que jugaban a la dobladilla sin que les llevasen la pena porque habían hecho el pastel de a dos de a cuatro, el de a cuatro de a ocho, y el de a ocho de a medio real, por solo su albedrío y beneplácito.

De los titereros decía mil males; decía que era gente vagamunda, y que trataba con indecencia de las cosas divinas, porque con las figuras que mostraban en sus retratos volvían la devoción en risa, y que les acontecía envasar en un costal, todas o las más, figuras del testamento viejo y nuevo, y sentarse sobre él a comer y beber en los bodegones y tabernas. En resolución, decía que se maravillaba, de cómo quien podía, no les ponía perpetuo silencio en sus retablos o los desterraba del reino.

Acertó a pasar una vez por donde él estaba un comediante vestido como un príncipe. Y en viéndole, dijo:

—Yo me acuerdo haber visto a éste salir al teatro enharinado el rostro, y vestido un zamarro del revés. Y con todo esto a cada paso fuera del tablado jura a fe de hijodalgo.

—Débelo de ser —respondió uno—, porque hay muchos comediantes que son muy bien nacidos e hijosdalgo.

—Así será verdad —replicó Vidriera—, pero lo que menos ha menester la farsa es personas bien nacidas; galanes sí, gentiles hombres, y de expeditas lenguas. También sé decir dellos que en el sudor de su cara ganan su pan, con inllevable trabajo, tomando continuo de memoria, hechos perpetuos gitanos de lugar en lugar y de mesón en venta, desvelándose en contentar a otros; porque en el gusto ajeno consiste su bien propio. Tienen más, que con su oficio no engañan a nadie, pues por momentos sacan su mercaduría a pública plaza, al juicio y a la vista de todos. El trabajo de los autores es increíble y su cuidado extraordinario, y han de ganar mucho para que al cabo del año no salgan tan empeñados que les sea forzoso hacer pleito de acreedores. Y con todo esto son necesarios en la república, como lo son las florestas, las alamedas, y las vistas de recreación, y como lo son las cosas que honestamente recrean. Decía que había sido opinión de un amigo suyo que el que servía a una comedianta, en sola una servía a muchas damas juntas, como era a una reina, a una ninfa, a una diosa, a una fregona, a una pastora. Y muchas veces caía la suerte en que serviese en ella a un paje y a un lacayo, que todas estas y más figuras suele hacer una farsanta.

Preguntóle uno que cuál había sido el más dichoso del mundo. Respondió que nemo; porque nemo novit patrem, nemo sine crimine vivit, nemo sua sorte contentus, nemo ascendit in coelum.

De los diestros dijo una vez, que eran maestros de una ciencia o arte que cuando la habían menester no la sabían y que tocaban algo en presuntuosos, pues querían reducir a demostraciones matemáticas que son infalibles los movimientos y pensamientos coléricos de sus contrarios.

Con los que se teñían las barbas tenía particular enemistad. Y riñendo una vez delante de él dos hombres, que el uno era portugués, éste dijo al castellano, asiéndose de las barbas que tenía muy teñidas:

—¡Por istas barbas que teño no rostro!

A lo cual acudió Vidriera:

—¡Ollay, home, naõ digáis teño, sino tiño!

Otro traía las barbas jaspeadas y de muchas colores, culpa de la mala tinta, a quien dijo Vidriera, que tenía las barbas de muladar overo. A otro, que traía las barbas por mitad blancas y negras, por haberse descuidado, y los cañones crecidos, le dijo que procurase de no porfiar ni reñir con nadie, porque estaba aparejado a que le dijesen que mentía por la mitad de la barba.

Una vez contó que una doncella discreta y bien entendida, por acudir a la voluntad de sus padres, dio el sí de casarse con un viejo todo cano, el cual, la noche antes del día del desposorio, se fue no al río Jordán como dicen las viejas, sino a la redomilla del agua fuerte y plata con que renovó de manera su barba que la acostó de nieve y la levantó de pez. Llegóse la hora de darse las manos, y la doncella conoció por la pinta y por la tinta la figura, y dijo a sus padres que le diesen el mismo esposo que ellos le habían mostrado, que no quería otro. Ellos le dijeron que aquel que tenía delante era el mismo que le habían mostrado y dado por esposo. Ella replicó que no era, y trajo testigos como el que sus padres le dieron era un hombre grave y lleno de canas, y que pues el presente no las tenía no era él y se llamaba a engaño. Atúvose a esto, corrióse el teñido y deshízose el casamiento.

Con las dueñas tenía la misma ojeriza, que con los escabechados. Decía maravillas de su permafoy, de las mortajas de sus tocas, de sus muchos melindres, de sus escrúpulos, y de su extraordinaria miseria. Amohinábanle sus flaquezas de estómago, sus vaguidos de cabeza, su modo de hablar con más repulgos que sus tocas y, finalmente, su inutilidad y sus vainillas.

Uno le dijo:

—¿Qué es esto, señor licenciado, que os he oído decir mal de muchos oficios y jamás lo habéis dicho de los escribanos, habiendo tanto que decir?

A lo cual respondió:

—Aunque de vidrio, no soy tan frágil que me deje ir con la corriente del vulgo, las más veces engañado. Paréceme a mí, que la gramática de los murmuradores y el la, la, la de los que cantan son los escribanos, porque así como no se puede pasar a otras ciencias, si no es por la puerta de la gramática, y como el músico primero murmura que canta. Así, los maldicientes, por donde comienzan a mostrar la malignidad de sus lenguas es por decir mal de los escribanos y alguaciles y de los otros ministros de la justicia, siendo un oficio el del escribano, sin el cual andaría la verdad por el mundo a sombra de tejados, corrida y maltratada; y así dice el eclesiástico: In manu Dei potestas hominis est, & super faciem scribe imponet honorem. Es el escribano persona pública, y el oficio del juez no se puede ejercitar cómodamente sin el suyo. Los escribanos han de ser libres y no esclavos ni hijos de esclavos; legítimos, no bastardos ni de ninguna mala raza nacidos; juran de secreto, fidelidad, y que no harán escritura usuraria; que ni amistad ni enemistad, provecho o daño, les moverá a no hacer su oficio con buena y cristiana conciencia. Pues si este oficio tantas buenas partes requiere, ¿por qué se ha de pensar que de más de veinte mil escribanos que hay en España, se lleve el diablo la cosecha, como si fuesen cepas de su majuelo? No lo quiero creer ni es bien que ninguno lo crea. Porque finalmente, digo, que es la gente más necesaria que había en las repúblicas bien ordenadas; y que si llevaban demasiados derechos, también hacían demasiados tuertos, que destos dos extremos podía resultar un medio que les hiciese mirar por el virote.

De los alguaciles dijo que no era mucho que tuviesen algunos enemigos, siendo su oficio o prenderte o sacarte la hacienda de casa, o tenerte en la suya en guarda y comer a tu costa. Tachaba la negligencia e ignorancia de los procuradores y solicitadores, comparándolos a los médicos, los cuales, que sane o no sane el enfermo, ellos llevan su propina; y los procuradores y solicitadores los mismo, salgan o no salgan con el pleito que ayudan.

Preguntóle uno, cuál era la mejor tierra. Respondió que la temprana y agradecida. Replicó el otro:

—No pregunto eso, sino que cuál es mejor lugar, Valladolid o Madrid.

Y respondió:

—De Madrid los extremos; de Valladolid los medios.

—No lo entiendo —repitió el que se lo preguntaba.

Y dijo:

—De Madrid cielo y suelo; de Valladolid los entresuelos.

Oyó Vidriera que dijo un hombre a otro que así como había entrado en Valladolid había caído su mujer muy enferma porque la había probado la tierra. A lo cual dijo Vidriera:

—Mejor fuera que se la hubiera comido, si a caso es celosa.

De los músicos y de los correos de a pie decía que tenían las esperanzas y las suertes limitadas, porque los unos la acababan con llegar a serlo de a caballo, y los otros con alcanzar a ser músicos del rey.

De las damas que llaman cortesanas decía que todas, o las más, tenían más de corteses que de sanas.

Estando un día en una iglesia, vio que traían a enterrar a un viejo, a bautizar a un niño, y a velar a una mujer todo a un mismo tiempo, y dijo que los templos eran campos de batalla donde los viejos acaban, los niños vencen, y las mujeres triunfan.

Picábale una vez una avispa en el cuello y no se la osaba sacudir por no quebrarse, pero con todo eso se quejaba. Preguntóle uno que cómo sentía aquella avispa si era su cuerpo de vidrio. Y respondió, que aquella avispa debía de ser murmuradora, y que las lenguas y picos de los murmuradores eran bastantes a desmoronar cuerpos de bronce, no que de vidrio.

Pasando a caso un religioso muy gordo por donde él estaba, dijo uno de sus oyentes:

—De ético no se puede mover el padre.

Enojóse Vidriera, y dijo:

—Nadie se olvide de lo que dice el espíritu santo: Nolite tangere Christos meos.

Y subiéndose más en cólera, dijo que mirasen en ello y verían que de muchos santos que de pocos años a esta parte había canonizado la iglesia y puesto en el número de los bienaventurados ninguno se llamaba el capitán don fulano, ni el secretario don tal de don tales, ni el conde, marqués o duque de tal parte, sino fray Diego, fray Jacinto, fray Raimundo; todos frailes y religiosos. Porque las religiones son los aranjueces del cielo, cuyos frutos de ordinario se ponen en la mesa de Dios.

Decía, que las lenguas de los murmuradores eran como las plumas del águila, que roen y menoscaban todas las de las otras aves, que a ellas se juntan. De los gariteros y tahúres decía milagros. Decía que los gariteros eran públicos prevaricadores, porque en sacando el barato del que iba haciendo suertes, deseaban que perdiese y pasase el naipe adelante, porque el contrario las hiciese y él cobrase sus derechos. Alababa mucho la paciencia de un tahúr, que estaba toda una noche jugando y perdiendo; y con ser de condición colérico y endemoniado, a trueco de que su contrario no se alzase, no descosía la boca, y sufría lo que un mártir de Barrabás. Alababa también las conciencias de algunos honrados gariteros que ni por imaginación consentían que en su casa se jugase otros juegos que polla y ciento; y con esto a fuego lento sin temor y nota de malsines, sacaban al cabo del mes más barato que los que consentían los juegos de estocada, del reparolo, siete y llevar, y pinta en la del puto.

En resolución, él decía tales cosas que si no fuera por los grandes gritos que daba cuando le tocaban o a él se arrimaban, por el hábito que traía, por la estrecheza de su comida, por el modo con que bebía, por el no querer dormir sino al cielo abierto en el verano y el invierno en los pajares, como queda dicho, con que daba tan claras señales de su locura, ninguno pudiera creer sino que era uno de los más cuerdos del mundo. Dos años o poco más duró en esta enfermedad, porque un religioso de la orden de san Jerónimo que tenía gracia y ciencia particular en hacer que los mudos entendiesen y en cierta manera hablasen y en curar locos; tomó a su cargo de curar a Vidriera, movido de caridad, y le curó y sanó, y volvió a su primer juicio, entendimiento y discurso. Y así como le vio sano, le visitó como letrado, y le hizo volver a la corte adonde con dar tantas muestras de cuerdo como las había dado de loco podía usar su oficio y hacerse famoso por él.

Hízolo así, y llamándose el licenciado Rueda, y no Rodaja, volvió a la corte, donde apenas hubo entrado, cuando fue conocido de los muchachos. Mas como le vieron en tan diferente hábito del que solía, no le osaron dar grita ni hacer preguntas; pero seguíanle, y decían unos a otros: «¿Éste no es el loco Vidriera? a fe que es él. Ya viene cuerdo, pero también puede ser loco bien vestido como mal vestido. Preguntémosle algo y salgamos desta confusión». Todo esto oía el licenciado y callaba, e iba más confuso y más corrido que cuando estaba sin juicio.

Pasó el conocimiento de los muchachos a los hombres, y antes que el licenciado llegase al Patio de los Consejos, llevaba tras de sí más de doscientas personas de todas suertes. Con este acompañamiento, que era más que de un catedrático, llegó al patio donde le acabaron de circundar cuantos en él estaban. Él, viéndose con tanta turba a la redonda, alzó la voz y dijo:

—Señores, yo soy el licenciado Vidriera, pero no el que solía. Soy ahora el licenciado Rueda; sucesos y desgracias que acontecen en el mundo por permisión del cielo me quitaron el juicio, y las misericordias de Dios me le han vuelto. Por las cosas que dicen que dije cuando loco podéis considerar las que diré y haré cuando cuerdo. Yo soy graduado en leyes por Salamanca, adonde estudié con pobreza y adonde llevé segundo en licencias, de do se puede inferir que más la virtud que el favor me dio el grado que tengo. Aquí he venido a este gran mar de la corte para abogar y ganar la vida, pero si no me dejáis habré venido a bogar y granjear la muerte. Por amor de Dios, que no hagáis que el seguirme sea perseguirme y que lo que alcancé por loco, que es el sustento, lo pierda por cuerdo. Lo que solíades preguntarme en las plazas, preguntádmelo ahora en mi casa y veréis que el que os respondía bien, según dicen, de improviso os responderá mejor de pensado.

Escucháronle todos y dejáronle algunos. Volvióse a su posada con poco menos acompañamiento que había llevado. Salió otro día, y fue lo mismo; hizo otro sermón, y no sirvió de nada. Perdía mucho, y no ganaba cosa, y viéndose morir de hambre, determinó de dejar la corte y volverse a Flandes, donde pensaba valerse de las fuerzas de su brazo pues no se podía valer de las de su ingenio. Y poniéndolo en efecto, dijo al salir de la corte:

—¡Oh corte, que alargas las esperanzas de los atrevidos pretendientes, y acortas las de los virtuosos encogidos! ¡Sustentas abundantemente a los truhanes desvergonzados y matar de hambre a los discretos vergonzosos!

Esto dijo y se fue a Flandes, donde la vida que había comenzado a eternizar por las letras la acabó de eternizar por las armas, en compañía de su buen amigo el capitán Valdivia, dejando fama en su muerte de prudente y valentísimo soldado.

Libros a la carta

A la carta es un servicio especializado para
empresas,
librerías,
bibliotecas,
editoriales
y centros de enseñanza;
y permite confeccionar libros que, por su formato y concepción, sirven a los propósitos más específicos de estas instituciones.

Las empresas nos encargan ediciones personalizadas para marketing editorial o para regalos institucionales. Y los interesados solicitan, a título personal, ediciones antiguas, o no disponibles en el mercado; y las acompañan con notas y comentarios críticos.

Las ediciones tienen como apoyo un libro de estilo con todo tipo de referencias sobre los criterios de tratamiento tipográfico aplicados a nuestros libros que puede ser consultado en Linkgua-ediciones.com.

Linkgua edita por encargo diferentes versiones de una misma obra con distintos tratamientos ortotipográficos (actualizaciones de carácter divulgativo de un clásico, o versiones estrictamente fieles a la edición original de referencia).

Este servicio de ediciones a la carta le permitirá, si usted se dedica a la enseñanza, tener una forma de hacer pública su interpretación de un texto y, sobre una versión digitalizada «base», usted podrá introducir interpretaciones del texto fuente. Es un tópico que los profesores denuncien en clase los desmanes de una edición, o vayan comentando errores de interpretación de un texto y esta es una solución útil a esa necesidad del mundo académico.

Asimismo publicamos de manera sistemática, en un mismo catálogo, tesis doctorales y actas de congresos académicos, que son distribuidas a través de nuestra Web.

El servicio de «libros a la carta» funciona de dos formas.

1. Tenemos un fondo de libros digitalizados que usted puede personalizar en tiradas de al menos cinco ejemplares. Estas personalizaciones pueden ser de todo tipo: añadir notas de clase para uso de un grupo de estudiantes, introducir logos corporativos para uso con fines de marketing empresarial, etc. etc.

2. Buscamos libros descatalogados de otras editoriales y los reeditamos en tiradas cortas a petición de un cliente.

Printed in Poland
by Amazon Fulfillment
Poland Sp. z o.o., Wrocław